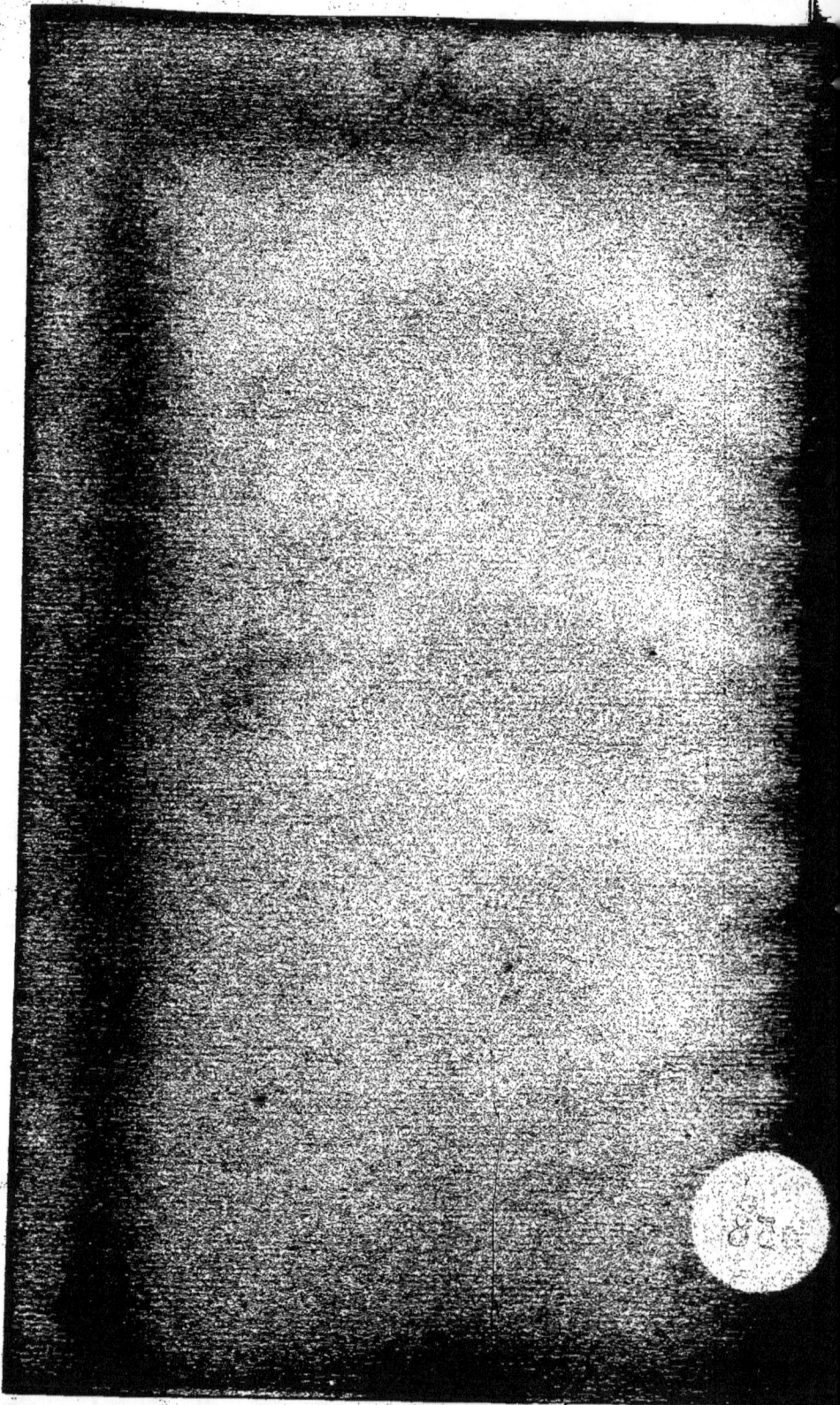

DÉPARTEMENT DE VAUCLUSE

RÈGLEMENT

DU

SERVICE DÉPARTEMENTAL DE DÉSINFECTION

par le Conseil Général

dans sa Séance du 24 Août 1907

Avignon

Imprimerie ....

1907

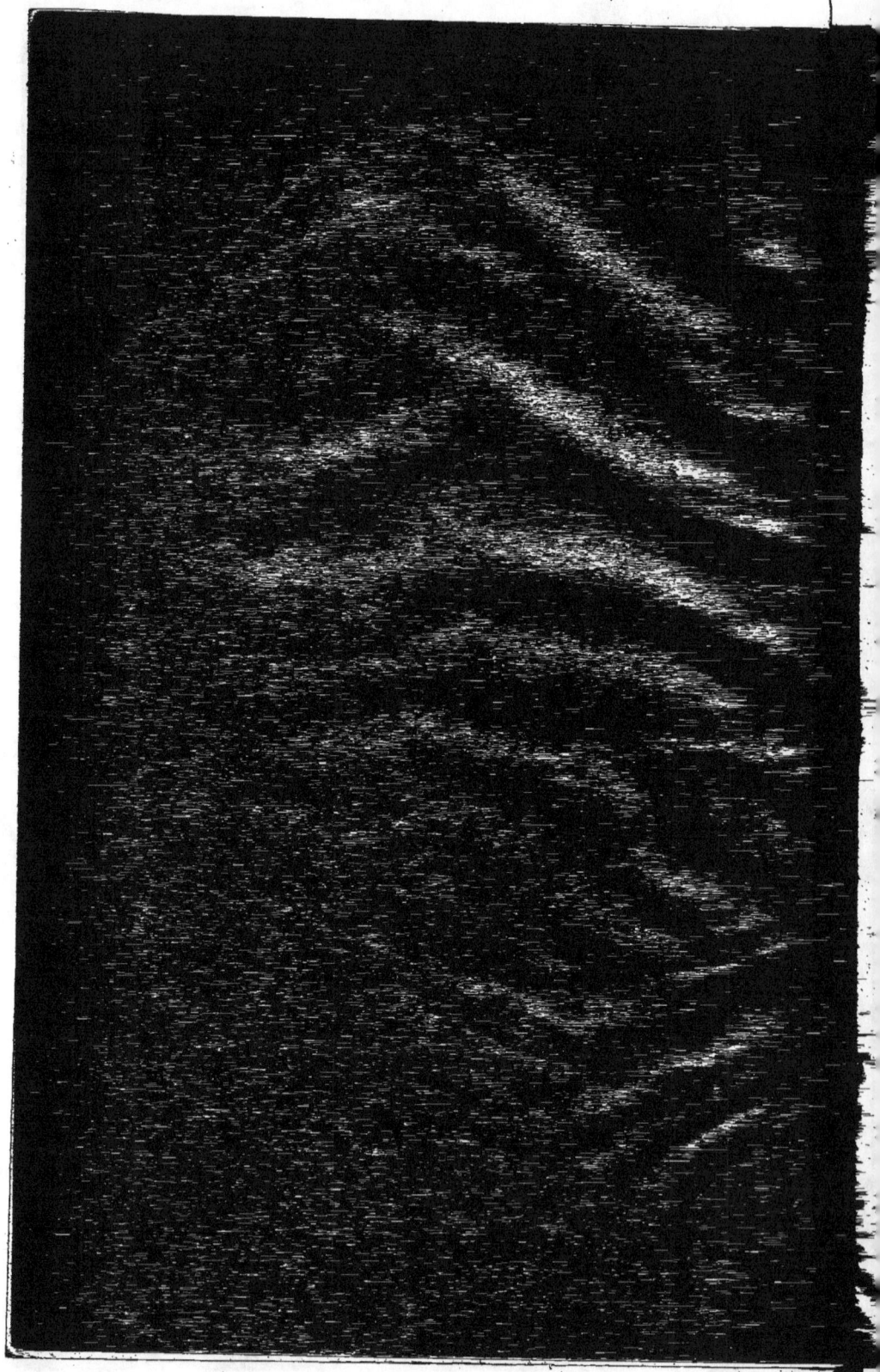

RÉPUBLIQUE FRANÇAISE

DÉPARTEMENT DE VAUCLUSE

RÈGLEMENT

PORTANT ORGANISATION

DU

SERVICE DÉPARTEMENTAL DE DÉSINFECTION

Adopté par le Conseil Général

dans sa Séance du 24 Août 1907

AVIGNON

Imprimerie Administrative et Commerciale, MILLO

74, rue Carreterie

1907

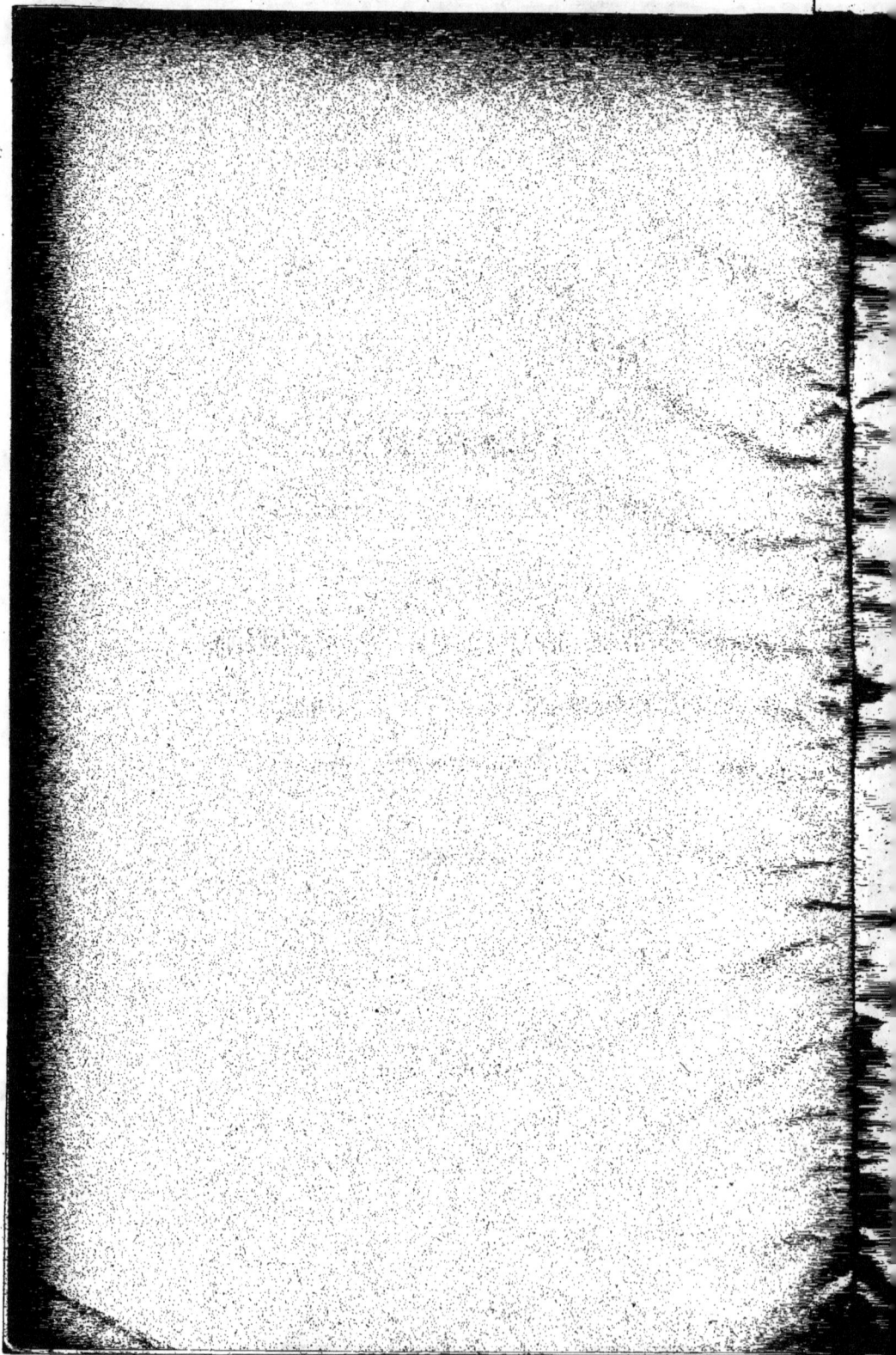

RÈGLEMENT

*Pour l'exécution des mesures de désinfection prescri-
tes par la loi du 15 février 1902, sur la protection de
la santé publique, adopté par le Conseil général dans
sa séance du 24 août 1907.*

————

Le Conseil général de Vaucluse,

Vu la loi du 15 février 1902, sur la protection de la
santé publique, notamment dans ses articles 7, 19, 20,
26 et 33 ;

Vu le décret de 10 juillet 1906, portant règlement
d'administration publique sur les conditions d'organisation et de fonctionnement du service de désinfection, prescrit par ladite loi, et notamment son
article 4, ainsi conçu : « Pour les communes de moins
« de 20.000 habitants, le Conseil général délibère,
« après avis du Conseil départemental d'hygiène, sur la
« création des postes de désinfection, la composition et
« la rétribution du personnel. Il vote les crédits né-
« cessaires à l'entretien du matériel et au fonctionne-
« ment du service ».

Vu l'article 5 du dit décret, relatif à la répartition de
ces postes ;

Vu l'avis du Conseil départemental d'hygiène,

Délibère :

ARTICLE PREMIER

Le service de la désinfection, prescrit par la loi du 15 février 1902 et tel qu'il est organisé par le décret du 10 juillet 1906, fonctionnera, dans le département de Vaucluse, à partir du 1er janvier 1908.

ART. 2.

Il est créé, dans le département, trente postes de désinfection qui seront établis dans les chefs-lieux de canton et communes ci-après désignés :

ARRONDISSEMENT D'APT

Apt. — Bonnieux. — Cadenet. — Gordes et Pertuis desservant les communes de chacun de ces cantons.

ARRONDISSEMENT D'AVIGNON

Bédarrides. — Courthézon. — Sorgues desservant Vedène et Morières.

Cavaillon desservant les communes du canton.

L'Isle desservant les communes de Cabrières, Châteauneuf-de-Gadagne, Jonquerettes, Lagnes, Saumane et Vaucluse.

Le Thor desservant Saint-Saturnin.

ARRONDISSEMENT DE CARPENTRAS

Carpentras desservant Aubignan, Loriol et Saint-Hippolyte.

Caromb. — Sarrians.

Monteux desservant Althen-les-Paluds.

Entraigues. — Mazan.

Mormoiron desservant les communes de Malemort, Méthamis et Villès.

Bedoin desservant Blauvac, Crillon, Flassan et Saint-Pierre-de-Vassols.

Pernes. — Sault desservant les communes de chacun de ces cantons.

ARRONDISSEMENT D'ORANGE

Beaumes desservant toutes les communes du canton.

Bollène desservant les communes de Lagarde-Paréol, Lamotte, Lapalud, Mornas et Sainte-Cécile.

Mondragon.

Malaucène desservant toutes les communes du canton.

Orange desservant les communes de Camaret, Sérignan, Travaillan, Uchaux, Violès, Châteauneuf-du-Pape et Piolenc.

Joncquières.

Caderousse.

Vaison desservant toutes les communes du canton.

Valréas desservant toutes les communes du canton.

Les Communes des arrondissements d'Avignon, de Carpentras et d'Orange sont rattachées aux postes de désinfection d'Avignon, Carpentras et Orange pour les opérations qui nécessiteraient l'emploi des étuves. Les communes de l'arrondissement d'Apt sont rattachées au poste d'Avignon jusqu'à ce que la circonscription sanitaire de l'arrondissement d'Apt soit pourvue d'une ou de plusieurs étuves pour la désinfection en profondeur.

Les frais des opérations faites seront intégralement remboursés à l'Administration des Hospices d'Avignon, Carpentras et Orange par le service départemental.

ART. 3.

Le Chef de chaque poste, nommé conformément au décret précité, sera rétribué, suivant le cas, comme suit : 1 franc par heure ; 3 francs par demi-journée ; 6 francs par jour.

Le Sous-agent communal, qui pourra être appelé à lui donner, le cas échéant, son concours, recevra : 0 fr. 50 par heure ; 2 fr. par demi-journée ; 4 fr. par jour.

Pour les cas exceptionnels où l'adjonction d'un ou plusieurs agents au poste serait reconnue nécessaire par l'administration préfectorale, il sera procédé à la nomination de ces sous-agents, conformément aux dispositions du décret du 10 juillet 1906, et, dans ces cas, le tarif de rétribution de ces sous-agents est ainsi fixé : 0 fr. 75 c. par heure ; 2 fr. 50 par demi-journée ; 5 fr. par journée.

Les frais de transport hors du siège de chaque poste seront remboursés à l'agent ou au sous-agent qui l'aura effectué, soit pour lui, soit pour l'appareil désinfecteur, soit pour les objets à désinfecter, suivant le taux de 0 fr. 25 par kilomètre parcouru à l'aller et au retour.

ART. 4.

Chaque poste, installé dans un local spécial, à l'hôpital ou mis à la disposition du service par la municipalité, devra être muni de l'appareil Lingner, dont le Conseil général a fait choix, et en outre de tous les produits ou solutions indiqués dans les instructions pour la pratique de la désinfection, adoptées par le Conseil supérieur d'hygiène publique de **France**.

Ces instructions, dont sera muni chaque poste, seront ponctuellement appliquées, comme toutes les prescriptions du décret précité, dans chaque cas particulier où la désinfection sera soit obligatoire, soit requise, c'est-à-dire quand la déclaration de maladie sera facultative, conformément à la deuxième partie de l'article 1er du décret du 10 février 1903.

ART. 5.

Le tarif des taxes de remboursement prévues par le paragraphe 4 de l'article 26 de la loi du 15 février 1902, et dont les maxima ont été fixés par l'article 22 du décret du 10 juillet 1906 proportionnellement à la valeur locative de l'ensemble des locaux d'habitation dont dépend la pièce occupée par le malade, est ainsi établi :

Dans les communes de moins de 5.000 hab. 3 » %

De 5.000 à 20.000 hab. .... 2.50 %

La taxe sera fixée par le Préfet sur ces bases, après avis de l'administration des contributions directes et des répartiteurs.

Si la taxe à percevoir en vertu de ce tarif dépasse
30 francs par pièce soumise à la désinfection totale,
elle sera réduite d'office à ce maximum, conformément au dit décret.

Les réductions qui y sont également portées, suivant
les cas, les locaux et les personnes, seront strictement
observées. Il en sera de même de l'augmentation prévue pour le service de nuit.

ART. 6.

La désinfection sera gratuite pour les indigents por-
tés sur les listes d'assistance médicale gratuite et sur
les listes d'assistance aux vieillards, aux infirmes et
aux incurables.

ART. 7.

Le tarif ordinaire sera appliqué aux opérations de désinfection dans les cas autres que ceux qui entraînent
une obligation légale.

ART. 8.

Dans les établissements charitables ou scolaires (autres que ceux qui dépendent de l'Université), les som-
mes à payer pour la désinfection seront arbitrées par
le Préfet, avec l'approbation de la Commission départementale et sans que le coût puisse jamais en être plus
onéreux que pour les particuliers payants.

ART. 9.

Les crédits nécessaires à l'entretien du matériel et au
fonctionnement du service de la désinfection seront vo-
tés chaque année, par le Conseil général, sur la proposition du Préfet, qui adressera pour la session d'août
un rapport détaillé à l'assemblée départementale sur
la marche de ce service et sur ses besoins.

ANNEXES

I

Loi du 15 février 1902 sur la Protection de la Santé Publique

EXTRAIT :

(Articles 4, 5 et 7, relatifs à la Désinfection)

TITRE 1er — CHAPITRE 1er
MESURES SANITAIRES GÉNÉRALES.

Art. 4. — La liste des maladies auxquelles sont applicables les dispositions de la présente loi sera dressée dans les six mois qui en suivront la promulgation par un décret du Président de la République, rendu sur le rapport du Ministre de l'Intérieur, après avis de l'Académie de médecine et du Comité consultatif d'hygiène publique de France. Elle pourra être révisée dans la même forme.

Art. 5. — La déclaration à l'autorité publique de tous cas de l'une des maladies visées à l'article 4 est obligatoire pour tout docteur en médecine, officier de santé ou sage-femme qui en constate l'existence. Un arrêté du Ministre de l'Intérieur, après un avis de l'Académie de médecine et du Comité consultatif d'hygiène publique de France, fixe le mode de la déclaration.

Art. 67. — La désinfection est obligatoire pour tous les cas des maladies prévues à l'article 4 ; les procédés de désinfection devront être approuvés par le Ministre de l'Intérieur, après avis du Comité consultatif d'hygiène publique de France.

Les mesures de désinfection sont mises à exécution, dans les villes de 20.000 habitants et au-dessus, par les soins de l'autorité municipale, suivant des arrêtés du Maire, approuvés par le Préfet et, dans les communes de moins de 20.000 habitants, par les soins d'un service départemental.

Les dispositions de la loi du 21 juillet 1856 et des décrets et arrêtés ultérieurs, pris conformément aux dispositions de la dite loi sont applicables aux appareils de désinfection.

Un règlement d'administration publique, rendu après avis du Comité consultatif d'hygiène publique de France, déterminera les conditions que ces appareils doivent remplir au point de vue de l'efficacité des opérations à y effectuer.

II

Décret du 10 février 1903 portant désignation des maladies auxquelles sont applicables, en vertu de l'article 4, les dispositions de la loi du 15 février 1902.

EXTRAIT

(Articles 1er et 2 relatifs à la déclaration et à la désinfection).

Art. 1. — La liste des maladies auxquelles sont applicables les dispositions de la loi du 15 février 1902 est fixée ainsi qu'il suit, en vertu des articles 4, 5 et 7 de la dite loi.

PREMIÈRE PARTIE. — Maladies pour lesquelles la déclaration et la désinfection sont obligatoires :

1° la fièvre typhoïde ;

2° le typhus exenthématique ;

3° la variole et la varioloïde ;

4° la scarlatine ;

5° la rougeole ;

6° la diphtérie ;

7° la suette miliaire ;

8° le choléra et les maladies cholériformes ;

9° la peste ;

10° la fièvre jaune ;

11° la dysenterie ;

12° les infections puerpérales et l'ophtalmie des nouveaux nés, lorsque le secret de l'accouchement n'a pas été réclamé ;

13° la méningite cérébro-spinale épidémique.

DEUXIÈME PARTIE. — Maladies pour lesquelles la déclaration est facultative :

14° la tuberculose pulmonaire ;

15° la coqueluche ;

16° la grippe ;

17° la pneumonie et la broncho-pneumonie ;

18° l'érysipèle ;

19° les oreillons ;

20° la lèpre ;

21° la teigne ;

22° la conjonctivite purulente et l'ophtalmie granuleuse.

Art. 2. — Pour les maladies mentionnées dans la deuxième partie de la liste ci-dessus, il est procédé à la désinfection après entente avec les intéressés, soit sur la déclaration des praticiens visés à l'article 5 de la loi du 15 février 1902, soit à la demande des familles, des chefs de collectivités publiques ou privées, des administrations hospitalières ou des bureaux d'assistance, sans préjudice de toutes autres mesures prophylactiques déterminées par le règlement sanitaire prévu à l'article 1er de la dite loi.

III

Décret du 10 juillet 1906 portant règlement d'administration publique sur les conditions d'organisation et de fonctionnement du Service de désinfection.

EXTRAIT

(Articles 4 à 31 relatifs aux Services départementaux).

TITRE I. — CHAPITRE II. — SERVICES DÉPARTEMENTAUX.

ART. 4. — Pour les communes de moins de 20.000 habitants, le Conseil général délibère, après avis du conseil départemental d'hygiène, sur la création des postes de désinfection, la composition et la rétribution du personnel. Il vote les crédits nécessaires à l'acquisition et à l'entretien du matériel et au fonctionnement du service.

Art. 5. — Dans chacune des circonscriptions sanitaires entre lesquelles le département est divisé conformément à l'article 20 de la loi du 15 février 1902, doit être établi au moins un poste de désinfection.

Les sièges de chaque poste sont fixés de telle sorte qu'il ne faille pas plus de six heures pour se rendre du poste dans les diverses communes qu'il est appelé à desservir.

Un poste doit nécessairement être placé dans toute station thermale possédant un bureau municipal d'hygiène par application de l'article 19 de la loi du 15 février 1902.

Art. 6. — Pour l'ensemble des communes relevant du service départemental, le service de désinfection est placé sous l'autorité du préfet et sous le contrôle d'un membre du conseil départemental d'hygiène désigné par le préfet.

S'il a été organisé dans le département un service de contrôle et d'inspection, conformément à l'article 19 de la loi du 15 février 1902, le contrôle prévu au paragraphe précédent est exercé par le chef de ce service.

Art. 7. — Dans chaque circonscription, le service est dirigé par un délégué de la commission sanitaire agréé par le préfet.

Il veille à l'exécution régulière et immédiate des mesures de désinfection dans les conditions techniques

prescrites par le Conseil supérieur d'hygiène. Il veille
également à ce que les postes de désinfection soient
constamment munis du matériel et des désinfectants
nécessaires, et à ce que les chefs de poste tiennent avec
soin les registres de contrôle prévus à l'article suivant.

Il présente tous les mois au moins à la commission
sanitaire un rapport sur les résultats et les besoins du
service de la circonscription ; ce rapport est transmis
au préfet avec l'avis de la commission.

Art. 8. — Chaque poste de désinfection est dirigé
par un chef de poste, assisté s'il y a lieu d'agents ou
d'aides.

Les chefs de poste et les agents procèdent eux-mêmes
aux opérations de désinfection.

Le chef de poste tient un registre des déclarations à
lui adressées par les maires, des opérations, transports
et voyages effectués et dresse pour chaque série d'opérations une feuille spéciale suivant un modèle arrêté
par le ministre de l'intérieur.

Les chefs de poste et agents sont nommés et révoqués
par le préfet sur la proposition du délégué de la commission sanitaire. Ils sont rémunérés à l'année, au mois,
à la journée ou à l'heure. Les chefs de poste sont asser-
mentés ; le préfet peut en outre faire assermenter un
certain nombre d'agents.

Art. 9. — Les délibérations prises par le Conseil général sont transmises par le préfet au ministre de
l'intérieur.

Si, après avis du Conseil supérieur d'hygiène publique de France, le ministre estime que les dispositions
adoptées par le Conseil général équivalent au défaut
d'organisation tel qu'il est prévu par le paragraphe 5
de l'article 26 de la loi du 15 février 1902, un décret

motivé rendu dans le délai prévu par l'article 49 de la loi du 10 août 1871 peut suspendre l'exécution de la délibération du Conseil général. Dans le cas où le Conseil général au cours de sa plus prochaine session, ou dans une réunion extraordinaire antérieure à celle-ci n'a pas pris une nouvelle délibération répondant au vœu de la loi, il est statué par un décret en forme de règlement d'administration publique.

Si le ministre conteste la nécessité des dépenses qui résulteront pour les communes et pour l'Etat de l'organisation du service de désinfection et de son fonctionnement, un décret motivé peut suspendre, comme ci-dessus, l'exécution de la délibération. Dans le cas où le Conseil général, au cours de sa plus prochaine session ou dans une réunion extraordinaire antérieure à celle-ci, n'a pas donné satisfaction aux observations du ministre de l'intérieur, il est statué par décret en conseil d'Etat, conformément au paragraphe 1er de l'article 26 de la loi du 15 février 1902.

TITRE II. — FONCTIONNEMENT.

Art. 10. — Dans toutes les communes, dès que le maire a reçu la déclaration que comporte l'une des maladies mentionnées à la première partie de la liste arrêtée par le décret du 10 février 1903, il avertit le chef de poste dans la circonscription duquel se trouve le malade signalé. S'il est avisé de l'existence de l'une de ces maladies et qu'il n'y ait pas de médecin traitant, il envoie un médecin et prend ensuite, sur la déclaration de celui-ci, les mesures prescrites par le présent décret.

En outre, si la commune où demeure le malade est comprise dans le service départemental, le préfet ou le sous-préfet avertit le délégué de la commission sanitaire.

Art. 11. — Toutes les opérations de désinfection sont effectuées par le service public, sous les réserves indiquées aux articles 14 et 17.

Art. 12. — Le chef de poste envoie au lieu où se trouve le malade un agent muni des désinfectants appropriés.

Cette visite ne peut être effectuée que de jour.

L'agent s'adresse, en vue de l'exécution des mesures à prendre, au principal occupant, chef de famille ou d'établissement, des locaux où se trouve le malade et, à son défaut, dans l'ordre ci-après, au conjoint, à l'ascendant, au plus proche parent du malade ou à toute personne résidant avec lui ou lui donnant des soins.

Art. 13. — Il remet à cette personne une note dont le modèle est arrêté par le ministre de l'intérieur, rappelant l'obligation de la désinfection et reproduisant les pénalités prévues par la loi et le tarif de désinfection.

Il se met à sa disposition pour l'exécution des mesures indispensables.

Ces mesures, pendant le cours de la maladie, concernent essentiellement la désinfection des linges contaminés ou souillés et des déjections ou excrétions ; elles ne peuvent constituer une intervention quelconque dans le traitement du malade.

Art. 14. — La personne à qui a été remise la note prévue par l'article précédent peut exécuter ou faire exécuter elle-même la désinfection, à la condition de prendre, sur une formule qui est mise à sa disposition par l'agent, l'engagement :

1° de se conformer exactement pendant le cours de la maladie aux instructions du Conseil supérieur d'hygiène publique de France, approuvées par le ministre de l'intérieur, et dont un exemplaire lui est remis :

2° de se soumettre, dans l'exécution des mesures prises, au contrôle de l'agent du service public, qui ne pourra se présenter au domicile du malade plus d'une fois par jour ;

3° d'avertir sans délai le maire, le cas échéant, du transport du malade hors de son domicile ;

4° d'aviser le maire de la première sortie du malade après sa guérison, en vue de l'application de l'article 15 du présent décret.

Art. 15. — En cas de transport du malade hors de son domicile, après la guérison, ou en cas de décès au cours ou à la suite d'une des maladies mentionnées à la première partie de la liste arrêtée par le décret du 10 février 1903, la désinfection totale des locaux occupés personnellement par le malade et des objets qui ont pu être contaminés pendant la maladie doit être opérée sans délai.

Art. 16. — Le maire, prévenu soit par l'avis donné en exécution des 3° et 4° de l'article 14, soit par la déclaration de décès, informe le chef du poste dans la circonscription duquel se trouve le domicile à désinfecter ; le chef de poste adresse à la personne désignée à l'article 12 un avis faisant connaître au moins douze heures à l'avance le moment où il sera procédé aux mesures de désinfection. Un pareil avis est adressé en cas de décès aux héritiers, s'ils habitent la commune et sont connus de l'administration.

Le délai de douze heures ci-dessus pourra être abrégé par une décision motivée du maire.

A défaut d'une des personnes énumérées à l'article 12

et en l'absence des héritiers le maire prend les mesures
nécessaires pour que les objets contenus dans le local à
désinfecter ne soient ni détournés, ni détériorés.

Art. 17. — Sauf le cas d'urgence constaté par un
arrêté du maire ou, à son défaut, par un arrêté du préfet, les personnes énumérées à l'article 12 du présent
décret ou les héritiers peuvent exécuter ou faire exécuter par leurs soins la désinfection, à la condition de
prendre par écrit, sur une formule qui leur est remise
par le service public, l'engagement :

1° de faire opérer la désinfection sans délai, et
conformément aux instructions du Conseil supérieur
d'hygiène publique de France, approuvées par le ministre de l'intérieur, et dont un exemplaire leur est remis

2° de prévenir au moins douze heures à l'avance le
chef de poste du moment où l'opération doit avoir lieu ;

3° de se soumettre, dans l'exécution des mesures prises, au contrôle de l'agent du service public, qui s'assu-
rera sur place si les opérations sont exécutées dans les
conditions techniques formulées par le ministre de l'intérieur après avis du Conseil supérieur d'hygiène publique et, spécialement, quand il est fait usage d'appareils, s'ils fonctionnent dans les conditions imposées par
le certificat de vérification prévu au décret du 7 mars
1903.

Art. 18. — S'il résulte des constatations faites par les
agents que les engagements pris en vertu des articles
14 et 17 du présent décret n'ont pas été tenus, ou que
la désinfection a été opérée par les particuliers ou par
leurs soins d'une façon insuffisante, le maire prescrit
immédiatement l'exécution par le service public des
mesures indispensables.

Art. 19. — Si, au cours de la désinfection, la destruction d'un objet mobilier est jugée nécessaire par le service, il y est procédé sur l'ordre du maire. En cas de refus du maire, le préfet statue.

Art. 20. — Il est dressé un état descriptif et estimatif des objets à détruire par le chef de poste ou l'agent qui s'est rendu à domicile, contradictoirement avec le propriétaire de l'objet ou l'une des personnes désignées à l'article 12. Cette personne peut être remplacée par un héritier s'il s'agit d'une désinfection après décès.

En cas de refus d'une des personnes ci-dessus énumérées de concourir à la rédaction de l'état ou en cas d'impossibilité de le dresser contradictoirement, le chef de poste ou l'agent mentionne l'une ou l'autre de ces causes dans un procès-verbal auquel il joint l'état dressé par lui seul.

L'état et, s'il y a lieu, le procès-verbal sont déposés à la mairie et communiqués en duplicata au sous-préfet si le service est départemental. Si une indemnité est réclamée, la demande est adressée suivant le cas au maire ou au sous-préfet.

Art. 21. — Si le maire reçoit la déclaration d'une des maladies mentionnées à la seconde partie de la liste arrêtée par le décret du 10 février 1903, il avertit le chef de poste, lequel est tenu de se mettre immédiatement à la disposition du malade ou de sa famille, pour assurer la désinfection dans les conditions prescrites par le Conseil supérieur d'hygiène publique.

Titre III. — Taxes

Art. 22. — Les taxes de remboursement prévues par le paragraphe 4 de l'article 26 de la loi du 15 février

1902 sont établies proportionnellement à la valeur locative de l'ensemble des locaux d'habitation dont dépend la pièce occupée par le malade.

Le tarif est arrêté par le conseil municipal ou par le conseil général selon qu'il s'agit d'un service municipal ou départemental ; il ne peut dépasser les maxima fixés par le tableau suivant :

Dans les communes de moins de 5.000 habitants 3,00 p. 100
       —   de 5.000 à 20.000   —   2,50 —
       —   de 20.000 à 100.000 —   2,00 —
       —   de plus de 100.000 —   1,50 —
Paris .... 1,00 —

Si la taxe à percevoir en vertu de ce tarif dépasse 30 francs par pièce soumise à la désinfection totale, elle est réduite d'office à ce maximum.

Art. 23. — La taxe est applicable quel que soit le mode de désinfection des locaux ou des objets qu'ils renferment, que ces derniers soient désinfectés sur place ou au dehors.

Elle comprend l'ensemble des opérations occasionnées par la même maladie ; néanmoins, si la maladie excède une période de six mois, la taxe ne comprend que les opérations effectuées au cours de cette période et elle est renouvelable pour chaque période nouvelle de six mois.

Elle comprend également les frais de transport.

Art. 24. — Dans le cas où la désinfection des objets est demandée indépendamment de celle des locaux, la taxe est réduite à la moitié de ce qu'elle eût été si la désinfection avait porté également sur le local ayant renfermé les dits objets.

Art. 25. — Sur la demande des intéressés, le service peut effectuer de nuit la désinfection totale prévue, par l'article 15 du présent décret. Dans ce cas, l'opération donne lieu à une redevance supplémentaire montant à 50 p. 100 de la taxe.

Art. 26. — Pour la désinfection des chambres d'hôtels garnis, ainsi que des loges de concierges, des chambres de domestiques et des chambres individuelles d'ouvriers logés chez leurs patrons, lorsque ces loges ou chambres font partie d'une habitation collective, la taxe est réduite à une somme fixe dont le maximum est de 5 francs.

Art. 27. — La désinfection est gratuite pour les indigents.

Art. 28. — Les Conseils généraux et les conseils municipaux peuvent appliquer des tarifs réduits à la désinfection dans les établissements charitables ou scolaires.

Ils fixent les tarifs à appliquer aux opérations de désinfection dans les cas autres que ceux qui entraînent une obligation légale.

Art. 29. — Ces taxes sont dues par le malade ou, en cas de décès, par ses héritiers.

Toutefois, dans les cas visés à l'article 26, elles sont dues par les gérants, propriétaires, maîtres ou patrons. Dans les cas où il s'agit d'établissements charitables ou scolaires, elles sont à la charge des établissements.

Art. 30. — Les taxes sont établies sur des états, d'après les feuilles dressées par le chef de poste et certifiées par le directeur du bureau d'hygiène ou le délégué de la commission sanitaire.

Art. 31. — Le montant des taxes, porté en recette aux budgets municipaux et départementaux, est déduit des dépenses de fonctionnement du service avant leur répartition entre les communes, le département et l'Etat.

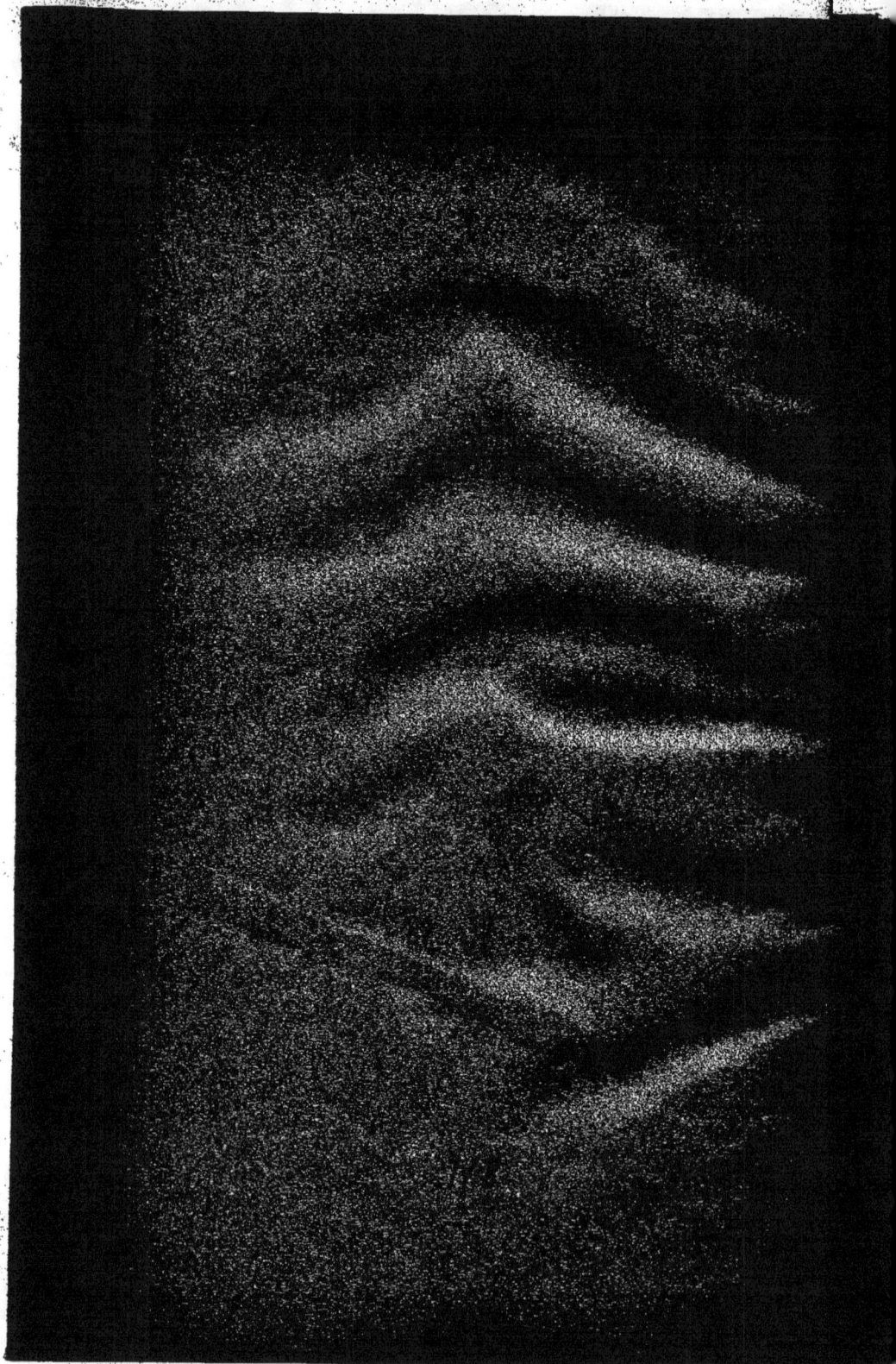

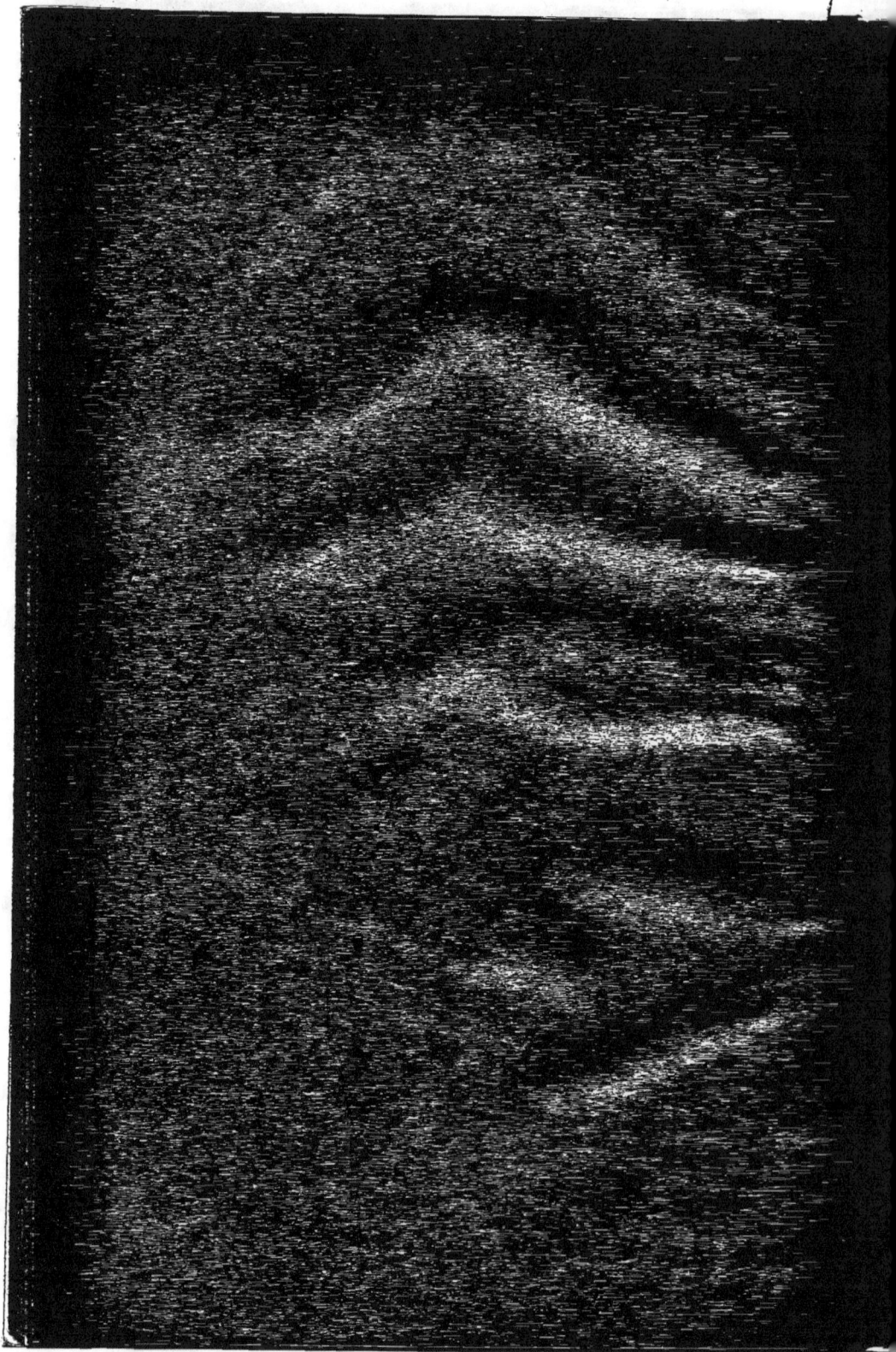

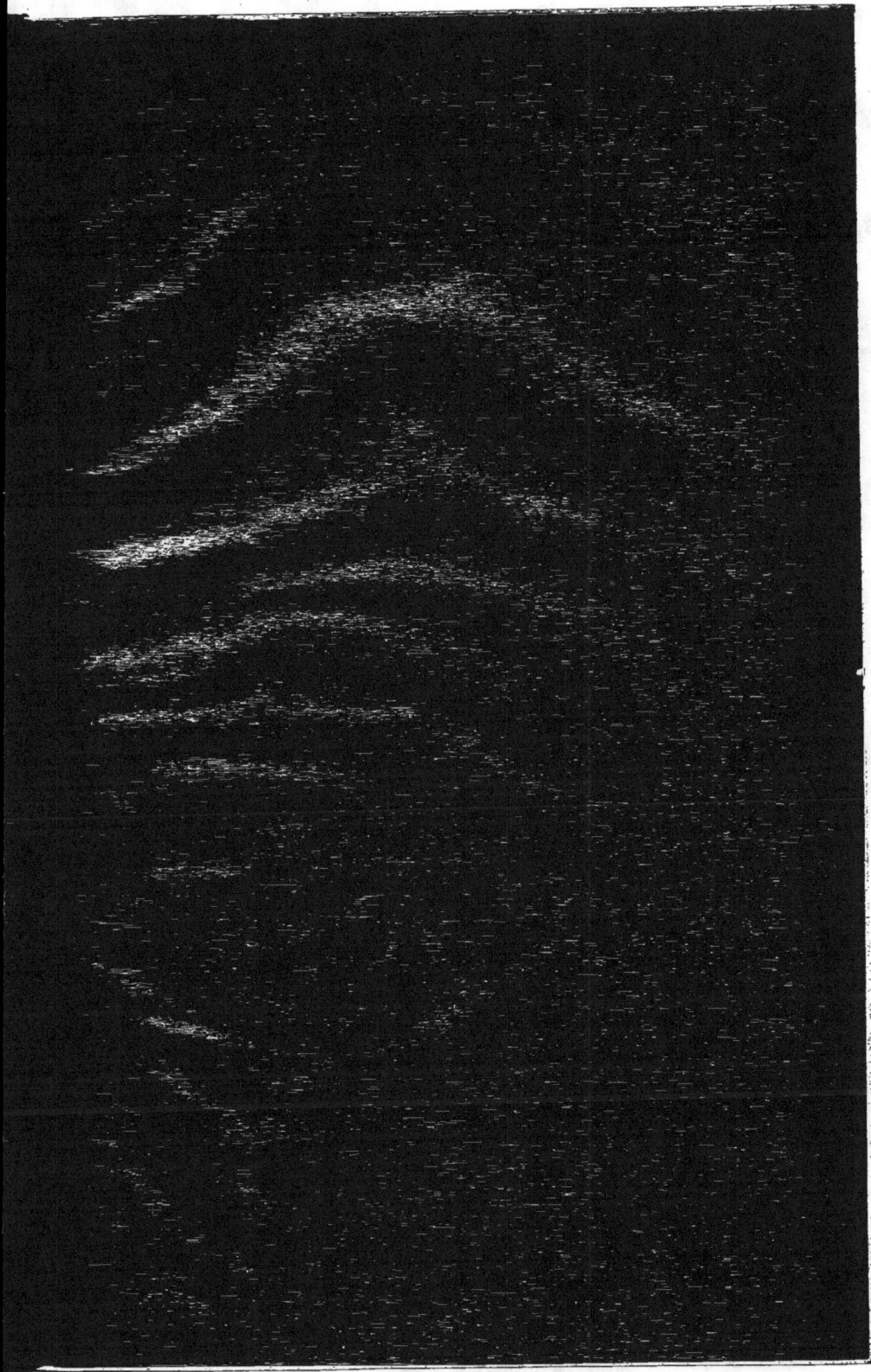

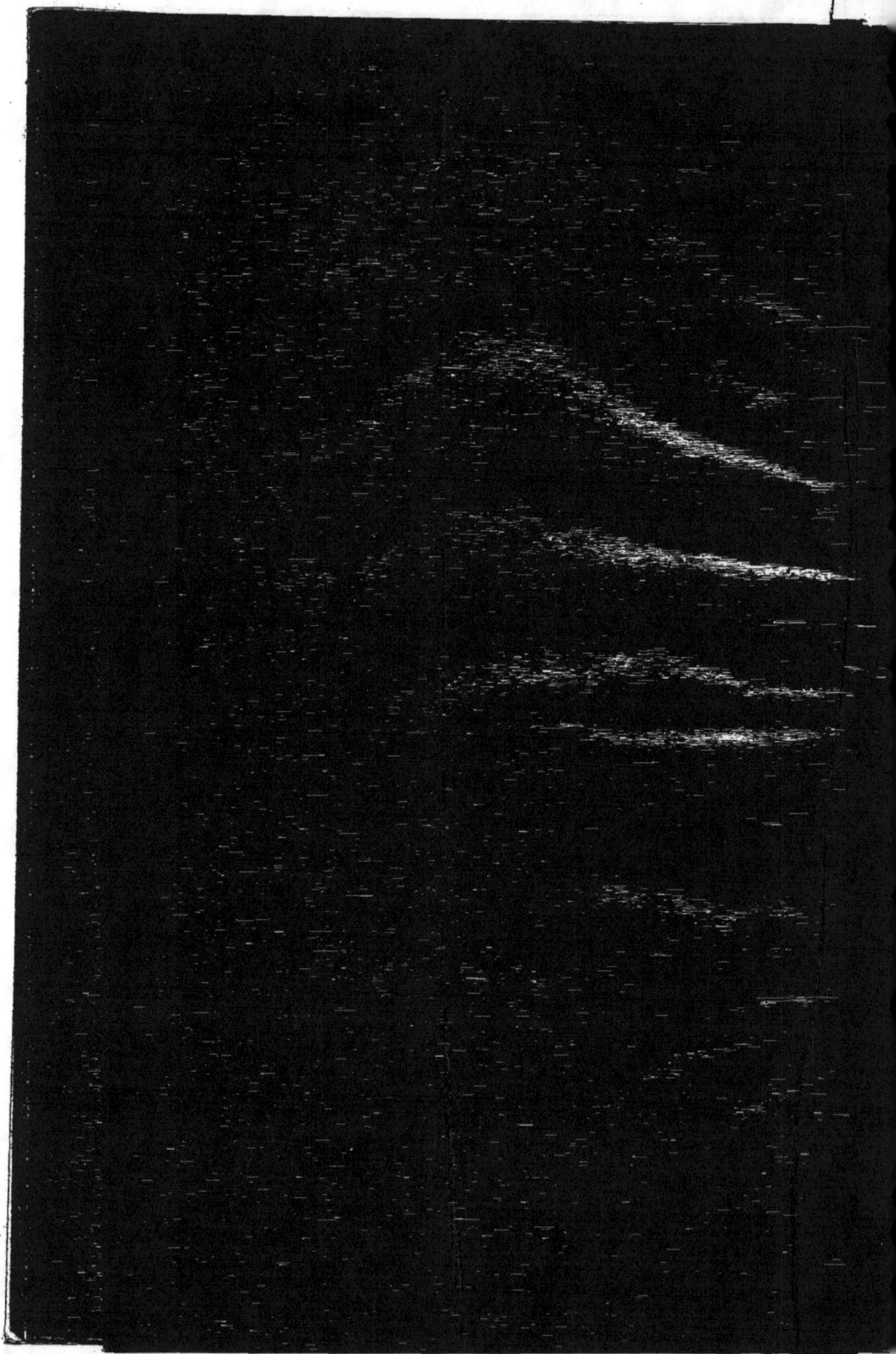

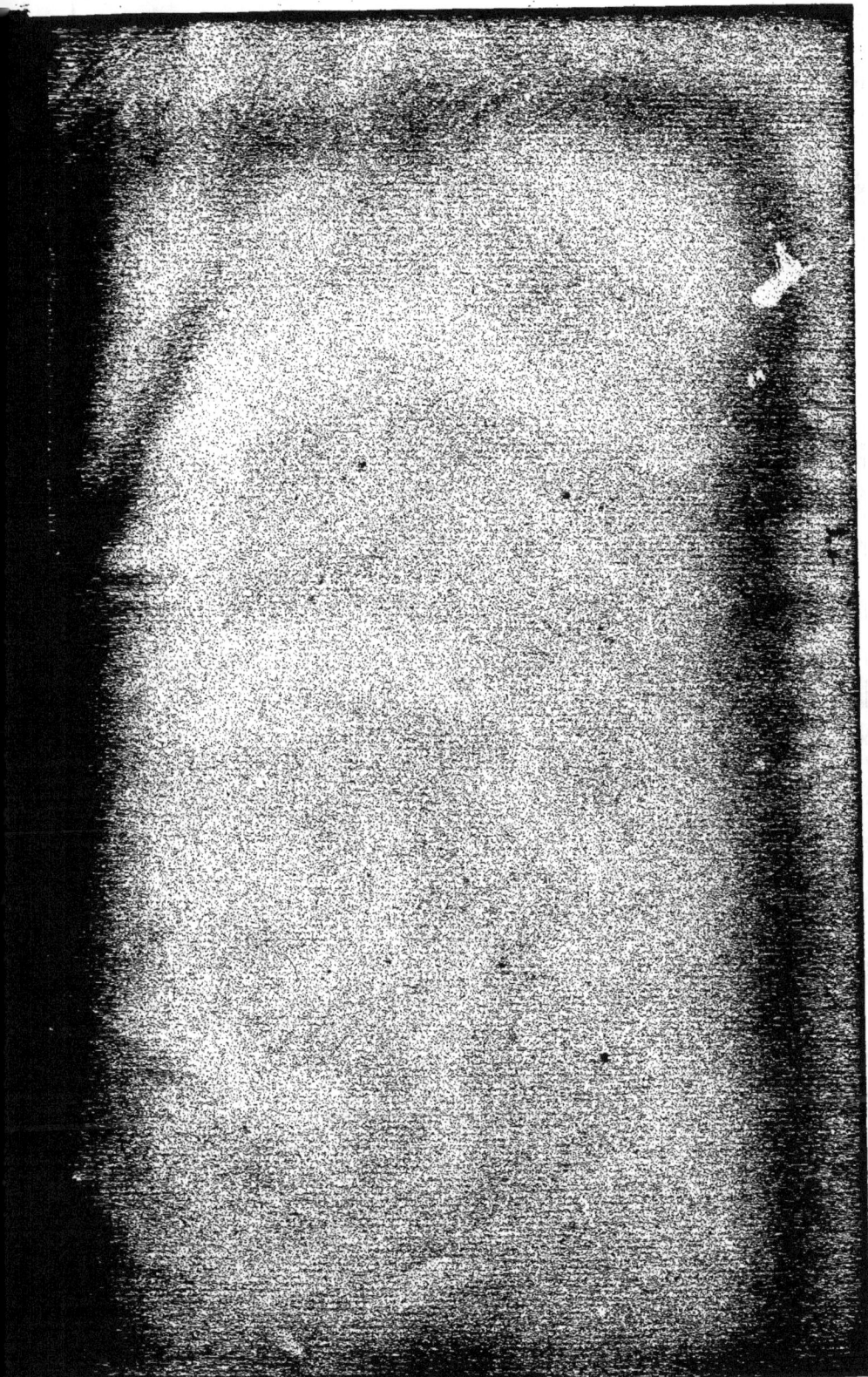

www.ingramcontent.com/pod-product-compliance
Lightning Source LLC
Chambersburg PA
CBHW060752280326
41934CB00010B/2450